pédagogie

de la

maternelle

1001 idées pour la classe

accueillir
un enfant
différent

Françoise Guillaumond

avec Christiane Filleul, Virginie Sultan et Sylvia Dorance

www.magnard.fr

Achevé d'imprimer en juin 2000 par l'imprimerie SAGIM à Courtry (77)
Dépôt légal : juin 2000 - N° d'impression : 4401
N° d'éditeur : 2000/301

Sommaire

Les textes officiels

Tout ce que nous présentons ici n'est qu'un complément humain, de terrain, à ce qui est d'ordre administratif et qui existe déjà dans les textes officiels. La scolarisation est un droit pour tous les enfants, et l'intégration scolaire un devoir lorsque la famille en fait la demande. Seules des conditions exceptionnelles, rendant objectivement l'intégration de l'enfant impossible, permettent de déroger à cette règle.
Le BO numéro 41 du 18 novembre 1999 fixe les conditions d'accueil des enfants et adolescents atteints de troubles de la santé.
Le BO numéro 42, du 25 novembre 1999 fixe, lui, les conditions de scolarisation des enfants et adolescents handicapés.

Un enfant différent, qu'est-ce que c'est ?

On est toujours l'autre de quelqu'un.
Alors, dire d'un enfant qu'il est « différent », qu'est-ce que cela peut bien vouloir dire ?

Ici, nous appellerons enfant différent, celui qui nous oblige à remettre en cause, de façon radicale, notre fonctionnement habituel de classe pour, d'une part nous adapter à lui, d'autre part permettre à cet enfant lui-même, mais aussi au reste de la classe d'entrer dans un processus d'apprentissage satisfaisant.

Nous aurions pu dresser une « typologie » des troubles qui peuvent toucher l'enfant : problèmes de santé, handicap moteur, troubles de la personnalité dus à des maltraitances... et qui, bien entendu, entraînent des situations et des traitements différents. Il nous a semblé plus efficace d'utiliser une classification liée aux circonstances dans lesquelles l'enfant arrive dans la classe et de considérer les deux cas suivants :

– L'arrivée à l'école de l'enfant « différent » entre dans un dispositif précis écrit dans un contrat d'intégration signé entre les familles et les différents partenaires qui vont avoir à s'occuper de l'enfant (voir les textes officiels). Dans ce cas, vous êtes prévenu, vous pouvez vous organiser en conséquence et vous n'êtes pas seul avec le problème.

– L'enfant « différent » est scolarisé comme n'importe quel autre enfant et vous ne vous apercevez de son problème qu'après la rentrée. Il présente des troubles qui perturbent le fonctionnement de la classe et la mise en place de ses apprentissages. Malheureusement, l'école est très souvent placée dans cette situation. Elle est le premier lieu de détection de troubles profonds du petit enfant. Dans ce cas, du moins au début, vous êtes seul face à des difficultés importantes.

Bien entendu, c'est tout d'abord en pensant à ce deuxième type de situations que nous avons écrit ce livre. Ce qui n'empêche pas que les enseignants d'enfants accueillis sur la base d'un contrat d'intégration puissent aussi trouver dans cet ouvrage matière à nourrir leur réflexion.

La question du refus

Sous certaines conditions exceptionnelles, et uniquement dans le cas de la demande d'intégration d'un enfant dont le handicap a déjà été repéré – c'est-à-dire pour le premier cas de figure exposé plus haut – l'équipe enseignante peut refuser d'accueillir l'enfant, si les troubles lui paraissent incompatibles avec le fonctionnement de l'école. Pour la procédure, voyez les textes officiels.

Mais lorsqu'on ne découvre le problème qu'après avoir scolarisé l'enfant, il est quasiment impossible de faire machine arrière. Un arrêt de la scolarisation ne se produit que dans des cas tout à fait exceptionnels, et la décision finale revient alors à l'Inspecteur d'Académie lui-même.
Il faut donc faire face à la situation, sans mettre pour autant en péril le reste du groupe-classe.

Un enfant différent est une richesse

Bien souvent, la démarche qui amène une équipe à accueillir un enfant différent est une démarche intéressante, riche de sens ; aussi bien pour lui, qui peut ainsi vivre sa vie de petit enfant comme les autres, que pour le reste de la classe. L'école est un lieu où l'on apprend à se connaître, à se respecter et à accepter l'autre. C'est un lieu d'apprentissage de la tolérance.
Enfin, pour l'enseignant lui-même, cette démarche peut être passionnante. Elle l'amène à s'interroger sur ses pratiques, à innover, à inventer pour le bien-être de tous. Elle permet un véritable travail en équipe, aussi bien avec les collègues qu'avec des partenaires extérieurs à l'Éducation Nationale. Elle peut aussi être une source de grandes satisfactions personnelles.

Cela dit, ce n'est pas toujours facile, surtout lorsque le problème n'est détecté qu'après la scolarisation, de faire face à ce genre de situations. Les enseignants n'ont pas de formation spécifique dans ce domaine ou fort peu et, dans la classe, ils doivent composer avec leur fatigue, leurs doutes, leurs sentiments d'échec et de culpabilité et parfois (et même souvent) leur trop grande solitude. **Il nous semble donc que pour accueillir un enfant différent dans sa classe, il est indispensable que l'enseignant soit soutenu par un véritable travail en équipe et qu'il puisse mettre en place une relation de collaboration avec les parents.**

Avertissement

Les fiches qui suivent concernent tout d'abord l'enseignant car les difficultés sont avant tout à résoudre avec soi-même et avec les adultes qui entourent l'enfant.
Puis viennent des fiches concernant des activités à mener avec le groupe-classe.

Principe

Le but est d'arriver à vous sentir bien malgré la lourde charge psychologique que représente la découverte d'un enfant en très grande difficulté. Il s'agit de réduire votre stress, vos sentiments d'échec et de culpabilité, et de prendre de la distance face à la situation.
Vous pourrez ainsi, dans la pratique quotidienne de la classe, vous fixer régulièrement des objectifs réalistes et évaluer votre travail de façon positive.

Travail préparatoire

Commencez par cerner ce qui relève du rejet ou de l'insupportable pour vous (chacun a un seuil de tolérance, une histoire personnelle, des affects différents...) ; reconnaissez cela sans culpabilité, pour vous en « débarrasser » symboliquement et être à nouveau pleinement disponible pour la classe.
Établissez ensuite un diagnostic objectif du handicap de l'enfant et de vos difficultés, pour éviter de vous épuiser à la tâche. Vous ferez la part des choses entre ce qu'il est possible de faire avec cet enfant et ce qui ne l'est pas. C'est seulement ensuite que vous vous fixerez des objectifs réalistes.
Pensez à solliciter des aides extérieures et à accepter vos propres limites. Acceptez aussi de ne pas être toujours au maximum de vos possibilités et admettez les retours en arrière.
Dites-vous que la scolarisation apporte toujours quelque chose à cet enfant.

Points forts

L'enfant différent trouve sa place dans la classe et le travail d'apprentissage peut commencer.

Vous remplissez pleinement votre mission d'enseignant, malgré la difficulté de la situation, tout en évitant de vous impliquer de façon dangereuse et en préservant votre santé physique et psychologique.

Votre sérénité et l'absence de culpabilité vous permettent d'entrer en contact avec l'équipe éducative qui vous aidera.

Vous sortez de votre isolement et utilisez le mieux possible les ressources mises à votre disposition (équipe éducative par exemple).

Activités

1. Le premier diagnostic

– Dressez la liste de tout ce que vous pourriez attendre globalement d'un enfant de cet âge (ce qui revient à reprendre votre base d'évaluation habituelle en y intégrant des données de socialisation, par exemple la capacité à rire, à jouer, à partager, à goûter, à aller aux toilettes, à parler avec les autres enfants...). Ensuite reprenez cette liste pour évaluer précisément l'enfant qui vous pose des problèmes. Écrivez cette évaluation. La fixer par écrit de façon précise vous permettra d'y voir plus clair et de prendre déjà un peu de distance. Au terme de cette évaluation, définissez ce que vous souhaiteriez pour cet enfant : quels objectifs est-il possible d'atteindre à court terme, à long terme ? Quels objectifs semblent impossibles et pourquoi ?

– De la même façon dressez la liste de tout ce qui fait que vous vous sentez mal en classe et que la classe fonctionne mal.
Puis imaginez tout ce qu'il faudrait faire pour y remédier en tâchant de repérer ce qui vous semble possible à court terme, à long terme, ou complètement impossible.
Là aussi quels objectifs vous fixez-vous ?
Sur quel échéancier ?

2. Des pratiques toutes simples

Quand vous sentez que vous n'en pouvez plus :

– Respirez : laissez tomber les épaules, les mâchoires, remplissez-vous lentement d'air en inspirant par le nez et en gonflant le ventre, puis bloquez la respiration un court moment, le temps de déglutir, avant d'expirer par la bouche en faisant durer votre souffle le plus longtemps possible. Petit à petit, le ventre se dénoue, le rythme cardiaque s'apaise...

– Parlez très bas, très lentement.

– Éteignez la lumière : la pénombre sera bienfaisante pour tous après l'éclat des néons.

– Ouvrez la fenêtre quelques minutes.

Cela vous donnera tout à coup une bouffée d'air frais et une impression d'espace.

– Mettez de la musique, celle que vous aimez, comme un cadeau rien que pour vous...

3. Des buts atteignables

– Avant de démarrer la journée que vous appréhendez, donnez-vous un objectif précis et possible. Par exemple : « Je vais tâcher de ne pas m'énerver pendant une heure minimum ! »

– Pensez que les objectifs pour un enfant « différent » sont tous liés en premier lieu à la socialisation et non à de véritables apprentissages (c'est vrai pour tous les enfants de petite section de maternelle, c'est encore plus vrai pour lui). L'important est qu'il soit intégré dans le groupe-classe : cet objectif passe avant tout challenge d'apprentissage.

– Attention aussi à vous protéger de l'attente des parents. Il est important de leur préciser que le principal objectif de la maternelle est la socialisation ; et de leur montrer que leur enfant est accepté par tous.

4. De petits plaisirs bien utiles

Si vous écoutez bien les parents et les personnes qui suivent l'enfant à l'extérieur (psychologues, orthophonistes, psychomotriciens...), vous verrez qu'ils vous annoncent des progrès : par exemple, le fait que l'enfant vienne à l'école avec plaisir est déjà un point extrêmement positif à mettre à votre actif.
Parfois les progrès de l'enfant ne sont pas mesurables ou même pas identifiables à des yeux de non-spécialiste. De tout petits signes montrent la confiance récente de l'enfant dans l'univers qui l'entoure et c'est donc un véritable succès pour vous qui avez su instaurer ce climat de confiance.

5. Un bilan positif après la classe

– Comme vous le faites systématiquement pour les autres, constituez un dossier des réalisations ou témoignages de l'enfant, avec vos commentaires particuliers. Ce dossier sera surtout centré sur l'objectif principal de sa scolarisation : la socialisation.
Par exemple : aujourd'hui il a bien voulu donner la main à untel ; ou il a cessé de tourner sur lui-même comme une toupie dans le coin regroupement ; ou encore : il a repéré tout seul le chemin pour aller aux toilettes...
Au besoin, vous pouvez faire deux dossiers : le premier, plus personnel, est une sorte de journal intime pour vous. Il vous permettra de faire le point de votre journée. Là, l'écriture a pour fonction première de vous soulager.
Un deuxième dossier, plus neutre, pourra être montré autour de vous et regardé régulièrement avec l'enfant et les parents.
Les jours où vous serez démoralisé, reprenez ce dossier qui fixe tous les progrès réalisés par l'enfant, parcourez-le depuis le début. Vous mesurerez le chemin parcouru et pourrez vous dire : « C'est vrai, j'avais oublié, mais il a fait des progrès depuis qu'il vient à l'école... »

– À partir de ce dossier, mettez au point un système d'évaluation, spécifique à cet enfant, et qui puisse être montré (indépendamment de la classe). Bien entendu, vous pouvez le mettre à jour durant la journée avec ou sans lui.

Prolongements et variantes

Montrez le dossier des réalisations aux parents de façon régulière. Appuyez-vous sur ce dossier lors des réunions de l'équipe éducative pour parler plus précisément de l'enfant. Au besoin, faites-le circuler, c'est un outil de travail précieux pour tous ceux qui ont à s'occuper de cet enfant.
Utilisez ce dossier pour aider l'enseignant qui prendra en charge cet enfant l'année suivante. Il raconte votre propre expérience.
Et puis ménagez-vous : même si vous vous sentez maintenant solide, évitez de suivre votre classe une deuxième année !

Principe

Il s'agit de former une équipe autour de l'enfant « différent » pour que vous ne soyez plus seul avec vos propres difficultés et la souffrance de cet enfant. Cela se fait en organisant des rencontres avec le personnel enseignant de l'école, les membres du réseau, les parents et les différents intervenants extérieurs à l'école qui prennent en charge cet enfant de façon régulière. Le but étant de travailler dans une plus grande cohérence, en évitant toute dispersion et tout morcellement, et de mettre l'enfant au centre d'un réseau.

Travail préparatoire

Recensez les intervenants qui s'occupent de l'enfant. Tous, y compris les non-médicaux : ATSEM, nourrice, personnel qui encadre le temps de restauration scolaire, animateurs de centres de loisirs, parents...

Faites le point, pour savoir comment l'enfant se comporte avec eux, quels sont ses difficultés, ses progrès...

Déroulement

1. L'équipe éducative

La réunion de l'équipe éducative regroupe l'ensemble des membres à qui incombe la responsabilité éducative d'un enfant : directeur,

Points forts

Chacun sait qui s'occupera de l'enfant à l'extérieur de l'école et quel est le type de prise en charge qui le concerne (si prise en charge il y a !).

L'emploi du temps de l'enfant qui va être amené à voir un psychologue, un orthophoniste, etc., peut être mieux organisé, de façon à ce que le temps qu'il passe à l'école soit aussi riche que possible pour lui.

Tous les intervenants qui vont s'occuper de l'enfant sont réunis dans un lieu central et « neutre » (c'est-à-dire non-médical) : l'école.

Des échanges s'instaurent entre les différents partenaires.

Un diagnostic précis établi en collaboration avec des spécialistes vous permet d'être plus efficace.

parents, enseignant de l'enfant ou enseignants du cycle, membres du Réseau concernés (psychologue scolaire, maîtres G ou/et E), médecin scolaire, secrétaire de CCPE (Commission de Circonscription Préélémentaire et Élémentaire), services intervenant éventuellement (CMPP, SAEMF, CMP, SESSD, assistantes sociales du secteur ou de l'ASD...). Cette liste n'est pas exhaustive : on peut y ajouter selon les nécessités : IEN, médecin traitant, ATSEM...
L'équipe éducative se réunit lorsque la situation d'un enfant n'est pas satisfaisante et nécessite une concertation.
N'importe lequel de ses membres peut demander la convocation de l'équipe éducative. C'est au directeur, ensuite, d'inviter les différentes personnes concernées. Au cours de la réunion, vous pouvez parler de vos craintes par rapport à l'enfant, de vos difficultés, des siennes, mais aussi des problèmes que pose cet accueil par rapport à la classe.

Une « feuille de synthèse » remplie lors de la réunion permet de garder une trace écrite de l'état de la situation et des propositions faites au cours de la réunion. Si les membres de l'équipe proposent une orientation de l'enfant vers un établissement spécialisé ou si aucune proposition n'a pu être faite pour pallier les difficultés rencontrées, on peut réunir la CCPE. Se reporter alors aux textes officiels qui régissent cette commission.

2. Le suivi et la continuité

Faites régulièrement un bilan avec les spécialistes les plus concernés par l'enfant et avec la famille bien entendu. Vous pouvez aussi rencontrer certains membres de l'équipe éducative de façon individuelle. Il est parfois plus facile d'échanger profondément au cours d'une discussion à deux, que dans une réunion plus formelle.

Vous pourrez ensuite réunir une nouvelle équipe éducative pour réamorcer la réflexion et le dialogue si vous en ressentez le besoin.

Lors de la dernière réunion de l'année, pensez à inviter l'enseignant qui aura l'enfant en charge l'année suivante.

Principe

Il s'agit de mettre en place, de façon officielle et concrète, un dialogue autour de l'enfant différent, entre vous qui l'accueillez dans votre classe et les autres enseignants de l'école.
Un lieu est donc fixé : salle des maîtres, bibliothèque... et un temps donné (rendez-vous pris au sein de l'école selon un calendrier bien établi et repérable par tous).
Ce « rendez-vous » officialisé permet à tout enseignant en difficulté par rapport à sa classe et, en particulier, par rapport à un enfant « différent », d'échanger avec ses collègues.
Dans un premier temps le but est de soulager la personne en difficulté ; dans un deuxième temps, il s'agit d'élaborer en équipe différentes stratégies pour que la vie dans la classe cesse de ressembler à un combat permanent.

Travail préparatoire

Faites une évaluation des problèmes que pose l'enfant dans la classe (pour vous, pour lui-même et pour le groupe-classe). Par exemple : construction du groupe, relation enseignant et enfant... (voir la fiche « Régler le problème avec soi-même »).

Sensibilisez le directeur et provoquez un conseil des maîtres exceptionnel sur ce sujet.

Points forts

Ouvrir un « espace de soulagement » accessible à tous. Il n'y a pas toujours de dispositif d'intégration et l'enseignant concerné doit alors tout mettre en route seul (rencontre avec les parents, propositions d'aide extérieure pour l'enfant).

Éviter de se désespérer, seul face à un problème. Empêcher le problème de s'enkyster.

Officialiser le dialogue et l'aide comme deux points essentiels au bon fonctionnement de l'école.

Donner toute sa force au travail en cycle et en équipe.

Entrer dans un programme d'intégration de l'enfant différent à long terme (3 ou 4 ans).

La mise en place d'un tel relais est d'autant plus importante que l'on a du mal à s'appuyer sur le RASED.

Déroulement

1. Le calendrier

Programmez, lors du conseil des maîtres, un calendrier de réunions spécifiques liées aux difficultés rencontrées dans l'accueil d'un enfant « différent ».
Le lieu, le cadre doivent être fixés à l'avance pour s'assurer que les réunions auront bien lieu !
Le temps prévu peut être très court (une demi-heure par exemple).
Vous pouvez bien sûr envisager la mise en place de ce type de réunions avant même qu'il y ait de cas « lourd » dans l'école.
Il s'agira alors de parler de ce qui pose des problèmes en classe et concerne tous les enseignants.

2. Comment se passe la réunion ?

Un enseignant extérieur au problème dirige la séance et sert de complice à l'enseignant en difficulté. Il prévoit un ordre du jour où la priorité est donnée à l'enseignant en souffrance (c'est lui qui témoigne, qui expose le problème, qui pose les questions).
La discussion a pour but d'envisager des solutions en l'état actuel des choses.

3. Les relais

À la suite de cette réunion, des relais peuvent être envisagés pour soulager ponctuellement l'enseignant en difficulté.
Par exemple, les horaires de l'ATSEM sont modifiés de façon à ce qu'elle soit toujours présente dans la classe le jour où l'enfant est accueilli.
L'enfant pourra aussi aller de temps en temps dans une autre classe selon ses capacités, ses centres d'intérêt, etc.

Prolongements et variantes

La personne qui a eu un enfant en difficulté devient à son tour une « personne-relais » très précieuse l'année suivante : elle connaît bien le problème !

Principe

Il s'agit d'accueillir le mieux possible un enfant dont on sait déjà qu'il présente des troubles (de santé, de comportement...). L'enfant a fait l'objet d'un contrat d'intégration qui fixe les conditions et les premiers objectifs de sa scolarisation.

Travail préparatoire

– Réunissez toutes les informations : l'enfant « différent » a-t-il déjà été scolarisé ? Habite-t-il près de l'école ? (Les enfants dont les troubles ont été détectés avant une première scolarisation ont du mal à trouver une école disposée à les accueillir).
Leur rentrée est souvent différée, après plusieurs contacts entre la famille et l'école.
– Demandez que l'enfant soit présent lors de son inscription à l'école par ses parents et rencontrez-le. Faites-lui visiter les locaux avec sa famille.
Si vous ne pouvez être présent ce jour-là, le directeur vous parlera du premier contact avec l'enfant.
– Organisez la classe selon le handicap de l'enfant : (espaces de circulation, hauteur des tables, etc.).
– Faut-il en parler aux autres parents ? En parler, c'est focaliser l'attention sur un problème qui ne les concerne pas. L'essentiel pour eux est que l'école se passe normalement pour leur enfant. Peut-être est-il préférable de préparer plutôt des réponses claires et fermes pour répondre aux questions éventuelles. Inutile, alors, de masquer la réalité. Dites la vérité, mais sans dramatiser et en soulignant les points positifs (ouverture au monde).

Points forts

Plus l'accueil reste simple et « normal », plus l'intégration se fera simplement et normalement.

Ne pas nier le handicap et ne pas le dramatiser. Dire simplement les choses : voilà le premier pas vers une grande confiance réciproque. L'accueil est un moment de vérité.

Déroulement

1. La rentrée « normale »

Si l'enfant entre en classe le jour de la rentrée, vous pouvez, dans le cas d'un handicap lourd, et après avoir prévenu l'Inspection académique, procéder à un accueil échelonné sur deux jours en divisant la classe. L'accueil se déroulera normalement : accueil individuel échelonné, répartition progressive dans des ateliers de jeu libre puis temps de regroupement. Préparez-vous à répondre le plus simplement possible à des questions sur l'enfant « différent ».

2. La rentrée différée

Préparez l'arrivée de l'enfant « différent » avec la classe. Cela se fait d'ailleurs pour n'importe quel enfant. Dites son prénom, son âge, si vous l'avez déjà rencontré ou pas. Expliquez les modifications que vous apportez dans la classe. Parlez de son handicap, sans vous éterniser. Prévoyez avec la classe une sorte de « comité d'accueil » : Qui se chargera de montrer où se trouvent les toilettes au nouveau ? Qui lui fera visiter les coins-jeux de la classe ? Avec des plus grands, provoquez un débat : Comment aimeriez-vous être accueilli dans une nouvelle école où vous ne connaîtriez personne ? Puis mettez-vous d'accord pour rendre l'arrivée du nouveau la plus agréable possible.

Prolongements et variantes

Au cours des premières semaines, vous pouvez lire différentes histoires sur la différence : *Le Vilain Petit Canard*, Andersen ; *Elmer*, David McKee, Kaléïdoscope... Il existe de nombreux albums sur ce thème-là.

Dans la mesure du possible, n'hésitez pas à engager des débats avec le groupe-classe ou avec un petit groupe si des questions se posent par rapport à cette différence. Chacun pourra exprimer son point de vue : peur, répulsion, compassion...

Voir aussi la fiche « Rattraper le coup », avec l'instauration d'un dialogue-bilan avec les enfants.

Principe

Il s'agit d'établir une véritable relation de confiance avec les parents, qui doivent sentir que vous prenez en compte leur souffrance et que personne ne cherche à les culpabiliser.
En mettant au centre de chaque entretien le bien-être de l'enfant à l'école, ses difficultés mais aussi ses progrès, vous montrez aux familles que vous vous intéressez vraiment à leur enfant et que vous avez besoin d'eux pour continuer à avancer. Il est essentiel que les parents soient associés au travail de toute l'équipe pour l'intégration de leur enfant. Sans eux, rien n'est possible et ils doivent le savoir.

Travail préparatoire

Dans la mesure du possible, rencontrez les parents et l'enfant au moment de l'inscription. Faites-leur visiter les locaux et présentez-leur le personnel.

Posez à ce moment-là les questions qui vous aideront à connaître l'attitude de l'enfant à la maison et à comprendre quel doit être votre propre comportement selon les situations. L'ATSEM devrait aussi être présente à ce moment-là (questions à propos de la cantine, des toilettes, etc.).

Il est vraiment important de donner aux parents, lors de cette première rencontre, le sentiment qu'ils peuvent avoir confiance en vous, que vous ne les jugez en aucune manière ; sinon, vous risquez d'avoir du mal à les revoir.

Points forts

Revaloriser les parents et leur enfant à leurs propres yeux.

Permettre une véritable coopération.

Travailler de façon humaine et avec le maximum d'honnêteté.

Permettre à l'enfant d'évoluer bien plus et bien mieux que sans ce dialogue.

Rompre la solitude de l'enseignant face à cet enfant « différent », se redonner mutuellement confiance, associer des compétences diverses pour mener un travail éducatif de qualité auprès de l'enfant.

Permettre à l'équipe enseignante de supporter un peu plus sereinement une tâche lourde en bénéficiant d'échanges réciproques, riches de sens.

Déroulement

1. Rassurer régulièrement

Pensez au petit mot que l'on glisse au moment de l'accueil ou de la sortie (cela est vrai pour tous les parents d'ailleurs !).
Faites des remarques précises sur la personnalité de l'enfant (anecdote par rapport à ses liens d'amitié très forts avec untel, ou par rapport à ses goûts).
Ne vous cantonnez pas systématiquement aux activités scolaires.
Soulignez toujours le positif. Par exemple : « Votre enfant, quel observateur ! » ou encore : « C'est fou ce qu'elle aime la musique ! »

2. Le rendez-vous formel

Cet entretien, même s'il est bref, ne doit pas avoir lieu à la porte et devant tout le monde. Il doit donc être prévu et faire l'objet d'une demande de rendez-vous réciproque.
Choisissez un moment favorable pour cette rencontre (surtout pas à la fin d'une journée harassante où vous avez supporté leur enfant avec beaucoup de difficulté !).
Au cours de cet entretien, vous pourrez évoquer l'évolution ou non de l'enfant par rapport à lui-même et par rapport au groupe.
Soulignez les éléments positifs, surtout au début, mais restez vrai : il ne s'agit pas de faire croire aux parents qu'il n'y a aucun problème car alors aucun progrès n'est possible.
Puis montrez le dossier-bilan aux parents ; c'est une trace écrite précieuse pour eux.
Gardez toujours en tête la souffrance possible des parents de cet enfant « différent ». Essayez d'éviter de les juger.
Dites-vous que vous êtes là pour l'enfant, un point c'est tout.

Prolongements et variantes

Pensez aussi à vous protéger des parents trop angoissés et envahissants. Il peut ne rien se passer de particulier pendant plusieurs jours et la relation quotidienne est alors inutile. Vous devez aussi ménager votre temps libre et le dialogue avec les autres parents !

Principe

Il s'agit de proposer de multiples activités de tris et de classements sans que jamais n'entre en jeu un jugement de valeur.
Le but est de parvenir à ce que les enfants apprennent à comparer différents éléments entre eux, et à assimiler parfaitement la notion de différence.

Travail préparatoire

Proposez régulièrement des jeux de mariage. Un tas d'objets est déposé sur le tapis. Ces objets vont par paire, il s'agit de les « marier » (chaussons, gants, mais aussi cubes de différentes couleurs ou formes...). Partez de critères de choix évidents pour aller vers des propositions plus ambiguës.

Posez aussi, au moment du regroupement, des questions du type : « Tiens, Mathieu est habillé tout en rouge aujourd'hui. Qui d'autre a du rouge sur lui ? »

Activités

Voici une liste de jeux sur le thème de la similitude et de la différence. À vous de les adapter selon le niveau de la classe en compliquant plus ou moins les données à chaque fois.

Points forts

L'enfant observe seul, interroge, affine son regard et partage ses découvertes et son point de vue avec les autres. La confrontation avec le groupe-classe enrichit sa propre perception du monde.

Il apprend à s'exprimer précisément par la parole. Il acquiert un vocabulaire plus précis, pour nommer les choses.

Il découvre des notions mathématiques de base, en rapport avec ses compétences et son âge.

Ces activités posent les fondements d'une réflexion plus approfondie qui sera développée dans les fiches suivantes : « Le portrait de la classe » et « Qui suis-je ? ».

1. Détecter l'intrus

Posez un tas d'objets sur une grande table, et proposez aux enfants de trouver l'intrus. Vous pouvez au départ vous appuyer sur le jeu du mariage auquel les enfants sont maintenant habitués (un chausson ou un gant reste alors tout seul). Puis choisissez des objets plus disparates. Aux enfants de trouver le lien qui les unit et donc de repérer celui qui « n'est pas pareil ». De la même façon, dessinez au tableau une série de formes (ou de lettres) avec un intrus que les enfants devront retrouver.

2. Retrouver des objets identiques dans la classe

Deux crayons de la même couleur, deux livres identiques, trois voitures rouges... Chaque fois qu'un enfant découvre ces objets, il explique son choix. Il a peut-être découvert deux crayons de couleur orange dans la classe, mais un des deux est plus court que l'autre. Laissez alors un échange s'installer entre les enfants :
– Ils sont pareils, regarde, ils sont tous les deux orange.
– Non, ils ne sont pas pareils, il y a un tout petit et un grand...

3. Reproduire un modèle

Tracez un rond, un carré, une ligne, une tâche bleue, ou rouge... Un enfant est chargé de reproduire ces modèles. Les autres enfants l'observent et commentent : la consigne a (n'a pas) été respectée. Ils notent les petites variations entre le modèle et son « double ».

4. Reproduire et comparer des sons

Tout d'abord, c'est vous qui menez le jeu. Vous faites un premier son, puis un deuxième et vous laissez les enfants réagir et commenter. Puis, les enfants produisent des sons à leur tour et les commentent : pareils, pas pareils. Enfin, un enfant émet un son et un autre est chargé de le répéter. Un troisième enfant doit proposer un son complètement différent. Les variantes sont nombreuses.

Prolongements et variantes

Toutes les activités de la fiche suivante sont des prolongements de celle-ci.

Voir aussi la fiche : « Qui suis-je ? ».

Principe

Il s'agit de réaliser le portrait de tous les enfants de la classe en invitant chaque enfant à dessiner un copain le plus précisément possible.
Le résultat final est le fruit d'un long travail d'observation, de communication et d'écoute réciproque.
Au cours de cette activité chaque enfant découvre les particularités des autres et par la même occasion apprend à nommer les siennes. C'est en apprenant à connaître l'autre qu'il parvient à se connaître davantage lui-même.

Travail préparatoire

Faites poser les mains de tous les enfants de la classe autour d'une table, posez aussi les vôtres. Puis laissez-les observer et commenter.
Il s'agit d'une quantité de paires de mains, d'accord.
Mais sont-elles pareilles ou différentes ? Pourquoi ?

Proposez aussi des jeux d'observation de soi et des autres sur le principe des ressemblances et des différences. Par exemple comparez les cheveux (longueur, couleur, nature...) de toute la classe. Comparez aussi les tailles, les poids, les couleurs de peau, d'yeux, la forme des oreilles, la pointure des chaussures...

Points forts

La classe réalise une œuvre collective en s'appuyant sur un véritable travail individuel.

Chacun observe, interroge, s'exprime par le dessin. Chacun apprend, aussi, à comparer objectivement, puis à mettre en œuvre des stratégies de tâtonnement pour trouver des solutions au problème posé. Cela donne lieu à des échanges et à des demandes d'aide entre les enfants.

L'enfant aborde la notion de nuances et s'éloigne du stéréotype pour aller vers le particulier.

Il apprend à se connaître, à se reconnaître, à se respecter et à respecter les autres.

Il découvre la multiplicité des choses et des êtres et s'en réjouit.

Déroulement

1. Faites une photo de toute la classe. Une fois développée, affichez-la à hauteur des yeux des enfants (prévoyez un grand format).

2. Demandez à chacun de se retrouver sur cette photo. Laissez venir les commentaires : « Ah oui, j'avais mon pull vert ce jour là ». « Oh la la ! j'ai les yeux fermés ! » Ou encore : « Je rigolais bien ! » Puis demandez aux enfants d'identifier leurs voisins, etc.

3. Proposez ensuite aux enfants de se mettre par deux et de se retrouver mutuellement sur la photo. Puis distribuez un papier à chacun.

4. Chaque enfant fait alors le portrait de l'autre sur son papier. Proposez des temps intermédiaires d'échanges entre les deux « artistes-modèles » pour leur permettre de mieux observer.

5. Lorsque les portraits sont terminés, le groupe les regarde tous. Puis vous les affichez en recomposant la grande photo.

Prolongements et variantes

Faites comparer l'original et le portrait, la photo et le portrait, etc.

Proposez à chacun de faire son propre portrait. Chaque enfant se dessine et s'observe en même temps dans un miroir. Prévoyez un second miroir pour voir la face cachée de son corps : comment c'est derrière moi, mon dos, mes cheveux ?

Dans la salle de motricité, les enfants se promènent. Au signal, ils se regroupent le plus vite possible, selon des critères que vous annoncez. Par exemple : « Les filles ensemble, les garçons ensemble ». Puis proposez des critères moins évidents et plus polémiques : « Les silencieux d'un côté, les bavards de l'autre »... Des rires vont venir, c'est évident. Ce qui compte, c'est le plaisir des enfants à se regarder les uns les autres et l'absence de jugement de valeur. Chacun choisit sa place, le principe de base dans cette activité est que celui qui choisit sa place a toujours raison.

Principe

Il s'agit de s'organiser pour que l'accueil de l'enfant « différent » puisse avoir lieu dans les meilleurs conditions possibles, pour lui et pour le reste de la classe.
Alors que la situation impose des acrobaties d'emploi du temps, il faut imaginer une situation satisfaisante pour tous, en s'adaptant à une réalité particulière (activités possibles ou impossibles pour l'enfant « différent » par exemple, mais aussi temps de prise en charge à l'extérieur, contraintes familiales et contraintes au sein même de l'établissement).

Travail préparatoire

Recensez tout d'abord les impératifs incontournables. Puis listez les possibilités d'intervention de personnels supplémentaires (ATSEM, collègue de petite section qui peut se libérer du dortoir un après-midi par semaine...).

Soulignez avec les enfants que la réalité particulière de la scolarisation de l'enfant « différent » va entraîner une organisation originale.
Il n'est question ici ni de dramatiser, ni de culpabiliser, mais juste de dire les choses le plus simplement possible.

Points forts

Vous ne vous laissez pas déborder par des impératifs non choisis mais, au contraire, vous restez (autant que faire se peut !) seul maître à bord.

La classe ne subit pas le problème de l'enfant en difficulté (suppression des activités de motricité, par exemple, puisqu'il ne peut y participer !) ; cela risquerait d'aboutir à une exclusion par le groupe classe et à des plaintes de parents.

La semaine s'équilibre autour des particularités de cette scolarisation.

Il s'agit pour vous d'une mise en pratique extrême (et intéressante) de la pédagogie différenciée.

Activités

1. L'enfant n'est scolarisé que partiellement

• Les jours où il est présent, prévoyez des activités en autonomie pour les autres. Ne mettez pas en route de nouveaux ateliers, mais reprenez des activités que les enfants connaissent déjà en changeant juste un paramètre.

• Prévoyez des activités collectives mais dans lesquelles l'enfant « différent » pourra s'intégrer facilement (plusieurs ateliers de motricité à difficulté variable).

• Prévoyez une activité à l'extérieur pour une partie de la classe (BCD, par exemple) ; ou des activités décloisonnées avec d'autres enseignants.

• Organisez les moments festifs (anniversaires, Noël...) quand il est présent en classe pour qu'il les vive avec tous les autres enfants.

• Pensez à préciser ses jours de présence sur le semainier de la classe. Attention aussi ici à la façon dont vous présentez les choses.

2. L'enfant est là tout le temps

Le problème devient alors : comment s'occuper de tous.

• Favorisez l'autonomie : donnez les consignes d'un atelier à un premier groupe qui sera chargé ensuite de ré-expliquer le principe aux autres.

• Considérez la classe comme un double niveau : quand on a plusieurs sections ensemble, certaines activités sont faites en commun, d'autres sont bien séparées. Les enfants en atelier d'apprentissage vous sollicitent ; vous devez donc proposer aux autres des activités de moindre apprentissage.

• Prévoyez des moments où l'ATSEM sera là, uniquement pour lui (activité calme, jeu), ce qui vous libérera pour les autres enfants.

• Pensez à installer un coin écoute, dans le coin bibliothèque par exemple, où l'enfant pourra aller tout seul pendant une activité à laquelle il ne peut participer.

• Donnez à cet enfant des missions qu'il est capable d'assumer et qui le valorisent : aider l'ATSEM à préparer le goûter pour les autres, à faire des guirlandes de Noël... Mais attention, ces moments doivent être courts et les activités proposées doivent toujours être en lien avec ce qui se passe dans le reste de la classe.

Principe

Cette fiche s'adresse plus particulièrement aux plus grands.
Il s'agit de travailler sur le regard que l'on pose sur soi et sur les autres et de prendre aussi en compte le regard des autres sur soi.
Au travers d'échanges, chacun est amené à exprimer qui il est, ce qu'il aime en lui et ce qu'il n'aime pas.
On approche ici la notion de différence d'une façon plus intériorisée que dans les fiches précédentes « Pareil, pas pareil » et « Le portrait de la classe ».

Travail préparatoire

C'est vous qui allez commencer.
Allez, courage ! Vous allez dire à toute cette marmaille ce que vous aimez en vous et ce que vous n'aimez pas du tout (par exemple vos grands pieds, ou vos cheveux impossibles à coiffer !... mais aussi le fait que vous manquez de patience, ou que vous trouvez que vous vous énervez trop vite...) Faites-les rire pour dédramatiser cette « confession » qu'ils vont eux-mêmes avoir à faire par la suite.

Puis préparez un tableau sur deux colonnes qui vont correspondre respectivement à « j'aime » et « je n'aime pas » ; au-dessus desquelles vous aurez dessiné pour la première colonne un visage content et pour la deuxième, un visage mécontent.

Points forts

Cette activité suppose la mise en place effective d'un véritable climat de confiance dans la classe. Chaque individu y est accepté pour ce qu'il est.

Elle permet d'aborder des thèmes peu traités en maternelle : la conscience que l'on a de soi et des autres.

Elle permet aussi d'aiguiser le regard des enfants et d'aborder de façon implicite la question de la subjectivité.

Les enfants apprennent à définir et expliquer leurs goûts. Ils apprennent aussi à extérioriser des sentiments personnels souvent peu identifiés par eux et par les autres.

Les enfants sont invités à parler d'eux-mêmes mais aussi à parler de la perception qu'ils ont des autres.

Déroulement

1. Chaque enfant à tour de rôle se livre au même jeu que vous. D'abord sur ses goûts, puis sur l'image qu'il a de soi (son physique et – plus difficile ! – son caractère). N'énoncez pas de jugement de valeur, bien sûr. Acceptez la parole de chaque enfant sans chercher à la modifier.

2. Ensuite, on élargit au groupe. Ce que j'aime chez untel, et (plus délicat) ce que je n'aime pas chez les autres... Là, il y a un vrai danger de règlement de comptes. £A vous de veiller au respect des autres, sinon l'activité risque fort d'avoir un effet inverse de celui escompté ! L'idée est avant tout de montrer que ce qu'on n'aime pas en nous peut être perçu par quelqu'un d'autre comme quelque chose de très positif.

3. Enfin organisez un grand débat. Il peut avoir comme point de départ le tableau que vous aurez rempli (ou les tableaux si vous avez procédé par étapes successives : goûts, aspect extérieur, intérieur). Ce débat est destiné à montrer qu'on est tous différents, qu'on a des goûts différents, que certaines choses peuvent être aimées par les uns et pas par les autres. Il s'agit donc d'un véritable apprentissage de la tolérance !

Prolongements et variantes

Avec les plus petits se cantonner au travail sur le goût par rapport à ce qu'on mange, ce qu'on voit, les odeurs que l'on sent. Dire ce que l'on ressent en premier lieu, puis dire si l'on aime ou pas.
Provoquez ensuite, une rencontre entre les enfants qui ont des goûts différents ou même opposés.

Chacun dans son coin dessine le portrait d'un enfant idéal. En grand groupe, on fait une synthèse de toutes ces recherches : cheveux longs ou courts ? yeux bleus ou noirs ? Très vite, les enfants s'aperçoivent de la difficulté d'arriver à un portrait commun. Alors on en rit et on en tire les bonnes conclusions...

Principe

Il s'agit de faire évoluer la situation dans le bon sens lorsque vous vous sentez dans une impasse par rapport à l'enfant « différent ». Vous découvrez par exemple qu'il devient insidieusement le bouc émissaire de toute la classe. Plutôt que de céder à la panique, dites-vous qu'il n'est jamais trop tard pour rectifier le tir.

Travail préparatoire

Commencez par constater et accepter la situation d'échec momentané, sans en rendre responsable quelqu'un en particulier.

Repérez les mauvais fonctionnements de la vie de la classe. Donnez-vous du temps pour prendre du recul et tentez d'analyser la situation calmement en suivant les indications de la fiche « Régler le problème avec soi-même ». Un échange avec un collègue extérieur peut vous y aider.
Repérez ce qui vient de vous, de la classe, de l'enfant « différent ».
Revenez ensuite à la fiche « Instaurez un relais ».

Faites un bilan : ce que j'ai fait, ce que je n'ai pas fait, ce qui a marché, échoué. Le projet était-il bon ? Interrogez-vous sans vous culpabiliser, seul à nouveau, puis avec d'autres qui pourront servir de relanceurs par rapport au problème rencontré. Une fois que vous aurez bien pris la mesure du malaise, vous pouvez passer à l'étape suivante.

Points forts

Par votre attitude vous permettez à la classe de participer à la recherche d'une solution de façon collective. Vous travaillez ainsi à la construction de la cohésion du groupe.

Vous responsabilisez les enfants quant à leur vie sociale et scolaire.

Vous découvrez que, dans ce domaine, il n'est jamais trop tard et que c'est en surmontant les échecs qu'on apprend.

Vous évitez l'échec définitif qui consiste à baisser les bras en rejetant toute la responsabilité sur une seule personne : vous ou cet enfant difficile.

Déroulement

1. La discussion-bilan avec tous les enfants

Attention il ne s'agit pas de mettre en place un tribunal !
Soit vous enregistrez cette conversation (les enfants sont au courant bien sûr), soit vous notez sur un grand panneau ce qui va se dire en organisant dès le départ cette prise de notes (ordonnez ce qui est positif, négatif et mettez en lumière les liens thématiques).

Par exemple si l'enfant « différent » est devenu un bouc émissaire, provoquez une discussion sur ce sujet précis en exposant comme point de départ une situation que vous avez vécue dernièrement.
Un dialogue s'instaure alors avec les enfants autour de cette question : pourquoi ?

- Dans un premier temps d'expression libre, laissez venir toutes les réflexions sans commentaires ni censure.
- Puis repassez l'enregistrement. Il peut être arrêté lorsque quelqu'un a envie de faire des commentaires.
- À la fin, faites une synthèse de la situation.
- Il s'ensuit une recherche de solutions menée tous ensemble : comment faire pour que cela change ? Quelles solutions proposez-vous ?
- Les solutions retenues sont fixées par écrit et affichées ou rangées dans un endroit accessible à tous. Ce sont de nouvelles règles, un contrat de vie établi entre vous, la classe et l'enfant « différent ».

2. Nouveaux essais et nouveau bilan

Fixez ensemble une date butoir, repérée par tous, pour faire un premier bilan. Montrez aux enfants le chemin parcouru depuis la dernière réunion (on peut reprendre les notes de la discussion au besoin), en insistant sur cette idée fondamentale : c'est « quand on rate qu'on apprend ».

Soulignez le positif, sans voiler le négatif. Et proposez, si c'est nécessaire, de trouver de nouvelles solutions en réajustant au besoin le contrat de vie élaboré collectivement.

3. Rétablir la confiance

Dans tous les jeux cités ici, l'enfant « différent » peut jouer un rôle.

• Sollicitez-le pour lui confier des missions valorisantes aux yeux de tous et l'installer dans des activités de collaboration réciproque.
Par exemple : « Valentine est trop petite pour atteindre les pédales du vélo et si tu la poussais ? » Ou encore : « Clément voudrait bien emmener un escargot chez lui, mais il n'en trouve jamais. Veux-tu l'aider à en chercher dans la cour de récréation ? »

• La peinture à deux : l'un a les yeux bandés, l'autre lui sert de guide.

• La promenade yeux fermés. Un enfant se place derrière celui qui ferme les yeux et le guide. Bien sûr : interdiction formelle de provoquer un accident !

• L'entraide : un enfant marche le long de la grande poutre, deux enfants l'aident en le tenant par la main (il ne s'agit pas ici de travailler la capacité de l'enfant à s'équilibrer tout seul, mais de provoquer une relation d'aide et de confiance entre les enfants).

• Le jeu de la statue et du sculpteur : un enfant se met en boule par terre. Il « est » en pâte à modeler. L'autre enfant, le sculpteur, déplie son copain-pâte à modeler, le déplace pour fabriquer une sculpture... La boule devient corps, prend place dans l'espace, exprime quelque chose.

• Le traîneau : un enfant s'assied sur une serpillière, un autre enfant le tire et le promène dans la salle de jeux. Puis on inverse les rôles. On peut faire la même chose avec des cartons : un enfant s'assied à l'intérieur, un autre le pousse puis on change.

• N'hésitez pas aussi à isoler l'enfant quelques minutes s'il devient trop difficile (avec une cassette dans le coin écoute, par exemple).

Prolongements et variantes

Même si la situation n'est pas en train de dégénérer, vous pouvez utiliser ces petits jeux pour renforcer la cohésion de la classe, la confiance qui règne déjà.

Assez régulièrement, faites le point pour ne pas risquer de vous laisser surprendre par une évolution négative « souterraine » des relations du groupe-classe.

Voir aussi l'ouvrage « L'enfant citoyen ».